Entre Nosotros

NIVEL-1

Entre Nosotros

AQUILINO SANCHEZ
Catedrático de
Universidad

Nivel-1

CUADERNO DE EJERCICIOS

LIBRERIA LAS AMERICAS INC.
2075 ST-LAURENT
MONTRÉAL, QUÉ.
H2X 2T3
CANADA (514) 844-5994

SGEL SOCIEDAD GENERAL ESPAÑOLA DE LIBRERIA, S.A.

Primera edición, 1982
Segunda edición, 1985
Tercera edición, 1986
Cuarta edición, 1987
Quinta edición, 1988

© Aquilino Sánchez, 1982
© Sociedad General Española de Librería, S.A. Madrid, 1982
   Avda. de Valdelaparra, s/n. Alcobendas (Madrid)

Producción:
SGEL-EDUCACION
Marqués de Valdeiglesias, 5 - 28004 Madrid

Director editorial: Luis Alonso
Dibujos: Trallero
Fotografía cubierta: Camarucci
Diseño cubierta: I. Belmonte
Maqueta: J. Martínez

I.S.B.N.: 84-7143-234-X
Depósito legal: BI-155-88
Impreso en España - Printed in Spain

Compone: CRISOL
Imprime: GRAFO, S.A. - Bilbao

LECCION 1

I. Completa

a) A. Soy ....
   ¿ .... estás?
   B. ...., gracias.

b) A. .... el director.
   ¿Cómo ....?
   B. Muy ...., ...

II. Escribe debajo de cada dibujo: *¿Cómo te llamas?*

Me ....
Mi nombre ....

....
....

....
....

III. **Pregunta el nombre a tres personas**

1. ¿..? *(Luisito)*
2. ¿..? *(El director)*
3. ¿..? *(Pilar)*

IV. **Cambia la palabra (o palabras) subrayada(s) por otra(s) equivalente(s)**

1. Se llama *Isabel.*
2. ¿*Cómo estás?*
3. Mi *mujer,* Carmen.
4. Es mi *amigo,* Hiro.
5. *Estoy* muy bien, gracias.

V. **Describe la situación poniendo texto al dibujo** *(El profesor entra en clase y saluda a cada uno de los alumnos)*

VI. Completa

A. Este es ....
B. ....
C. ....

A. ....
B. ....
C. ....

VII. Lee LA VIDA REAL

a. Señala las palabras desconocidas.
b. Busca su significado en el diccionario.

VIII. Carnet de identidad español

7

LECCION 2

I. **Marca la respuesta correcta, según el texto de la lección**

1. Se llama Dalí
    a. *es pintor*
    b. *es profesor*

2. La fiesta
    a. *es divertida*
    b. *no es divertida*

3. a. *Rosa es profesora*
   b. *Jaime es profesor*

4. ¿En qué trabaja Rosa?
    a. *es enfermera*
    b. *es técnico en publicidad*

5. El trabajo de Rosa es muy
    a. *divertido*
    b. *pesado*

6. Jaime trabaja
    a. *en un colegio nacional*
    b. *en la universidad*

II. **Escribe debajo de cada dibujo:** ¿*Qué es?*

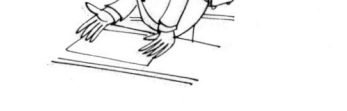

1. .... 2. ....

3. .... 4. ....

5. .... 6. ....

III. **Completa:** ¿*Quién eres?* ¿*Qué haces?*

—Soy ....
—Trabajo en ....

IV. ¿**Qué es...?**

1. Laura trabaja en una oficina   *Es* ....
2. Fernando trabaja en una fábrica   ....
3. Juan trabaja en un hospital   ....
4. Pedro trabaja en una escuela   ....
5. Ana trabaja en una tienda   ....
6. Felipe trabaja en un taller   ....

V. Forma un equipo de baloncesto

0. *Es el número* .... *Se llama* ....
1. ....
2. ....
3. ....
4. ....
5. ....

VI. Entrevista a un amigo. Pregunta:

— *nombre* ¿...?
— *profesión* ¿...?
— *dónde trabaja* ¿...?

VII. Ordena adecuadamente

1. ....
2. ....
3. ....
4. ....
5. ....
6. ....
7. ....
8. ....
9. ....
10. ....
11. ....

(uno) (cuatro) (tres) (siete) (ocho) (cinco) (once) (dos) (seis) (diez) (nueve)

LECCION 3

I. Marca la respuesta correcta, según el texto de la lección

1. Ingrid habla
   a. *bien español*
   b. *poco español*

2. Carmen enseña a su amiga
   a. *verduras*
   b. *un mercado*

3. Para Ingrid el mercado es
   a. *interesante*
   b. *aburrido*

4. Carmen y su amiga compran
   a. *cerezas*
   b. *peras*

5. Un mercado es, según Ingrid,
   a. *un buen lugar para aprender español*
   b. *un lugar para comprar y no hablar*

6.
   a. *Ingrid entiende bien a la vendedora*
   b. *Ingrid no entiende bien a la vendedora*

II. **Completa con la forma adecuada de "ser"**

1. ¿Cómo .... tu amigo?   .... muy simpático
2. ¿Cómo .... tus zapatos?   .... muy modernos
3. ¿Cómo .... Antonio?   .... muy alto
4. ¿Cómo .... tus libros?   .... muy interesantes
5. ¿Cómo .... tu falda?   .... muy bonita

III. **Completa cada frase con alguno de los adjetivos siguientes**

1. Tu reloj es ....   *vieja*
2. Estos zapatos son ....   *nuevos*
3. ¡Qué .... están las cerezas!   *buenas*
4. Este paraguas es muy ....   *caro*
5. Es una chaqueta muy ....   *pequeño*
6. El pulpo es muy ....   *bonitos*
7. Mis vestidos son ....   *feo*

IV. **Haz preguntas adecuadas a las respuestas**

1. ¿...............?   Las peras son muy baratas
2. ¿...............?   ¿Pedro? Es muy simpático
3. ¿...............?   Mis amigos son muy amables
4. ¿...............?   Es una frutería
5. ¿...............?   Están muy buenas
6. ¿...............?   Tu corbata es moderna

V. **Completa:** *Pregunta e identifica (¿Qué es/son ....? / —Es/son ....*

....

VI. **Expresa tu sorpresa anteponiendo** "qué"/"cuánto/a"

.... grande
.... bueno .... pescado
.... aburrido .... pan
.... simpático .... cereza
.... nuevo .... fruta
.... divertido
.... buenas

VII. **Lee la VIDA REAL y luego completa**

Tú: ¿..?
Tu amigo: Un paquete. Es una sorpresa.
Tú: ¿..?
Tu amigo: No, no es para ti. Es para Carlos. Hoy es su cumpleaños.
Tú: ¿..?
Tu amigo: No, no puedes verlo. Hasta mañana en su fiesta.
Tú: ¡..!
Tu amigo: ¡No, no es posible!

LECCION 4

I. **Responde según el texto de la lección**

a) 1. ¿Qué pregunta Ana a Víctor?
   2. ¿Qué prefiere hacer Víctor los fines de semana?
   3. Los padres de Ana, ¿qué tienen en Valmojado?
   4. ¿A dónde va Víctor a veces?
   5. ¿Acepta Víctor la invitación de Ana?

b) *Lee el último texto de la página segunda de la lección y marca la opción...*

	Correcta	Incorrecta
1. Hoy es viernes		
2. Hoy estamos a 25		
3. A 25 de febrero		
4. ¿A cómo estamos hoy?		
5. Estamos en 1978		

II. **Completa (invitas a un amigo)**

A. ¿Quieres ....?
B. No, ... ¿........................?
A. ¿Te apetece ....?
B. Sí, ...

III. **Responde (acepta o no) según tus gustos**

1. ¿Te apetece sangría? ....
2. ¿Quieres un coñac? ....
3. ¿Vienes al campo este fin de semana? ....

4. ¿Vienes a cenar conmigo? ....
5. ¿Quieres ir al cine mañana ....

IV. **Escribe (los números)**

13	25 ....
14	30 ....
15	42 ....
16	56 ....
17	61 ....
18	73 ....
19	84 ....
20	97 ....
100	98 ....

V. **Mira el calendario del mes y responde**

¿Qué día es el ....?
 8: ....
14: ....
24: ....
 6: ....
12: ....
17: ....
23: ....

VI. **Mira el calendario del mes actual y responde**

¿Qué día es el
lunes? ....
martes? ....
miércoles? ....
jueves? ....
viernes? ....
sábado? ....
domingo? ....

VII. Completa (el camarero pregunta)

A. ¿Qué ....?
B. ....
A. ¿Y usted ....?
C. Yo ....
A. ¿Y usted ....?
D. ....

LECCION 5

I. Marca la respuesta correcta, según el texto de la lección

1. Los domingos Miguel se levanta
   a. *tarde*
   b. *temprano*

2. Come con
   a. *su amiga*
   b. *su familia*

3. Este domingo el tiempo es
   a. *bueno*
   b. *malo*

4. Isabel desea ver
   a. *una película de Bergman*
   b. *una película alegre*

5. Cuando entran en el bar, Miguel
   a. *tiene sed*
   b. *tiene hambre*

6. Finalmente van a
   a. *ver una película*
   b. *a bailar*

II. **Completa la respuesta con la forma adecuada del verbo**

1. ¿Qué lees? .... el periódico
2. ¿Dónde comes normalmente? .... en un restaurante
3. ¿Qué coméis por la tarde? .... siempre bocadillos
4. ¿Beben ustedes vino? No, nunca .... vino por la mañana
5. ¿Qué película podemos ver hoy? Hoy .... ver *Los tarantos*

III. **Completa con la forma adecuada de:** *saber, poner, tener, querer o poder*

1. ¿Sabes qué día es hoy? No, no lo ....
2. ¿Qué te pasa? .... hambre
3. ¿Qué desea usted? .... comprar un paraguas grande
4. ¿Puedes venir a las cinco? Lo siento, no ....
5. ¿Dónde .... los libros? Sobre la mesa.

IV. **Contesta**

1. ¿A qué hora te levantas los domingos? ....
2. ¿A qué hora desayunas? ....
3. ¿Qué haces por las mañanas? ....
4. ¿A qué hora comes? ....
5. ¿Dónde? ....
6. ¿Qué haces por la tarde? ....

V. **Completa** *(Te encuentras con una amiga/o. Hacéis planes para pasar la tarde juntos)*

Ella: Hace un buen día. ¿Qué hacemos?
El: ¿.................... ?
Ella: ¿A pasear? Estoy cansada y el parque está lejos.
El: ....
Ella: No me gusta el coche.
El: ....
Ella: Es una buena idea; tengo mucha sed.
El: ¿.................... ?

Ella: Una coca-cola y un bocadillo de tortilla. ¿Y tú?
El: ....

VI. Lee LA VIDA REAL. Explica el significado de las siguientes palabras

1. De prisa: ....
2. El jefe: ....
3. Te acompaño: ....
4. Contar: ....
5. Contigo: ....
6. A propósito: ....

VII. Escribe un texto adecuado

LECCION 6

I. Marca la opción correcta, según los textos de la lección

1. Juan Martínez busca
   a. *una habitación*
   b. *un apartamento*

2. J. Martínez es
   a. *soltero*
   b. *casado*

3. A J. Martínez
   a. *le gustan las pensiones*
   b. *no le gustan las pensiones*

4. El apartamento de J. Martínez es
   a. *tranquilo*
   b. *incómodo*

5. El apartamento está
   a. *en la ciudad*
   b. *fuera de la ciudad*

6. Juan Martínez vive
   a. *al lado de una estación de metro*
   b. *lejos del metro*

II. Completa

1. ¿_____ pagas por esta habitación? *Pago 5.000 pesetas.*
2. ¿Dónde viven ustedes? _____ en el campo.
3. ¿_____ dormitorios _____? *Necesitamos tres.*
4. ¿Es usted soltero? No, soy _____
5. ¿_____ ustedes teléfono? *Sí, necesitamos teléfono.*

III. Deseas alquilar un piso

A. Este es el apartamento.
Tú: _____
A. ¿Cuántos dormitorios necesita?
Tú: _____
A. ¿Cuántas personas vivirán en el apartamento?
Tú: _____
A. ¿Necesita usted teléfono?
Tú: _____
A. Entonces son 15.000 pesetas al mes.
Tú: _____

IV. Contesta

1. ¿Dónde vives? _____
2. ¿Cómo es tu casa? _____
3. ¿Vives en un piso tranquilo? _____
4. ¿Cuántas habitaciones tiene tu piso? _____
5. ¿Tienes metro cerca? _____
6. ¿Está el piso cerca de la ciudad? _____

V. Describe tu piso ideal

1. Grande/pequeño _____
2. Habitaciones _____
3. Tranquilo/ruidoso _____
4. Cerca/lejos del metro _____
5. Con/sin teléfono _____

VI. Lee este anuncio. Responde a las preguntas

> **SE ALQUILAN PISOS**
>
> **4 habitaciones grandes**
>
> comedor-salón
> baño grande
> cocina completa
>
> — agua, gas, teléfono
> — cerca jardín público
> — zona tranquila
> — autobuses
> — **15.00 pesetas al mes**

1. ¿Cuántas habitaciones tiene? ....
2. ¿Dónde está? ....
3. ¿Caro/barato? ....
4. ¿Cuánto cuesta? ....
5. Otras características ....
   ....
   ....

LECCION 7

I. Lee el texto de la lección y marca la opción correcta

1. Alfred y Klaus estudian
   a. *español*
   b. *alemán*

2. Alfred está cansado de
   a. *viajar*
   b. *fregar platos*

3. Alfred y Klaus
   a. *tienen algo que declarar en la aduana*
   b. *no tienen nada que declarar en la aduana*

4. Estarán en México
   a. *unas dos semanas*
   b. *unos dos meses*

5. El domingo visitarán
   a. *un museo*
   b. *las pirámides aztecas*

6. a. *No quieren divertirse*
   b. *También quieren divertirse*

II. **Completa**

   A. ¿De .... vienen ustedes?
   B. ....
   A. ¿Algo .... declarar?
   B. No, ...
   A. ¿Cuánto .... permanecerán .... México?
   B. Unos ....
   A. Pasen.

III. **Pon en futuro**

   1. El lunes voy a Madrid: ....
   2. El martes leo el periódico: ....
   3. Luis va de paseo: ....
   4. María lleva un regalo: ....
   5. Nos levantamos a las ocho: ....
   6. El domingo celebramos el cumpleaños de Juanito: ......
   7. Visitamos las pirámides: ....

IV. **Lee LA VIDA REAL. ¿Por qué discuten él y ella?**

   1. ....
   2. ....
   3. ....
   4. ....

V. **Describe el itinerario de este viaje**

VI. ¿Qué harás la próxima semana?

Lunes, día ....
Martes, día ....
Miércoles, ...
Jueves, ...
Viernes, ...
Sábado, ...
Domingo, ...

VII. ¿Qué hora es?

a)

1. .... 2. .... 3. ....

4. .... 5. .... 6. ....

b) *Escribe la hora*

12,30: ....
4,00: ....
3,15: ....
9,45: ....
6,20: ....

25

LECCION 8

I. Escribe el número de teléfono

1. 2584765: ....
2. 593485: ....
3. 274678: ....
4. 93-3578567: ....
5. 649257: ....

II. Completa

A. Hotel Castillo, ¿.....................?
B. Habitación 205, ...
A. ¿Con quién .... hablar?
B. .... Antonio Hernández.
A. .... El señor Hernández ya no está aquí. Ahora .... en un apartamento.
B. ¿Ha dejado su ....?
A. Sí. Avenida Cervantes, 89, apartamento 35.
B. Un ...., por .... Tomo nota: Avenida Cervantes, 89, apartamento 35. ....
A. De ....

III. Qué dirías para...

a. disculparte por teléfono:

....
....
....

b. responder a una llamada equivocada:
   ....
   ....
   ....

c. decir o informar que Luis no está en casa:
   ....
   ....
   ....

IV. Lee LA VIDA REAL y explica el significado de

— habitación individual: ....
— habitación doble: ....
— reserva: ....
— confirmar: ....
— consultar: ....

V. Solicita información por teléfono. Completa

¿Puede decirme...
...a qué hora ....?
...cuándo ....?
...cómo ....?
...en qué avión ....?

VI. Llama por teléfono para hablar con Pedro. Escribe cinco maneras o formas de iniciar la conversación

1. ¿Puedo ....?
2. ¿...?
3. ¿...?
4. ¿...?
5. ¿...?

27

VII. Compara: Para responder al coger el teléfono

En tu lengua	En español

LECCION 9

I. Lee el texto de la lección y marca la opción correcta

1. La señora llama
   a. *a la policía*
   b. *a los bomberos*

2. En la calle Esperanza hay
   a. *un incendio*
   b. *un robo*

3. La policía aconseja a la señora que
   a. *avise a los bomberos*
   b. *esté tranquila*

4. También le aconseja que
   a. *avise a los vecinos y salgan ordenadamente*
   b. *usen el ascensor y salgan a la calle*

5. En casa de la señora también hay
   a. *niños y ancianos*
   b. *vecinos*

6. La señora debe
   a. *sacar ella misma a los niños*
   b. *esperar a los bomberos en casa*

II. Lee LA VIDA REAL y marca la respuesta correcta

En caso de incendio...

	Sí	No
1. No cierres la puerta de salida		
2. Cierra las puertas		
3. Corta la luz		
4. Envuélvete en ropa poco húmeda		
5. Si el fuego te toca, sal a la calle		
6. Conserva la serenidad		

III. Transforma según el modelo

0. *Puedes abrir la ventana*   *Abre la ventana*
1. Puede usted volver el viernes
2. Puedes coger el avión a las diez
3. No puede usted fumar aquí
4. No puede usted entrar
5. No puedes jugar al fútbol

IV. Da instrucciones a tu secretaria

Es necesario:
1. Llamar al señor Pérez
2. Escribir una carta
3. Reservar un billete de avión
4. Telefonear a la empresa "Z"
5. Preparar un entrevista con "X"
6. Pagar una factura

V. Da cinco consejos a los habitantes de una gran ciudad

1.
2.
3.
4.
5.

VI. Completa

Cuando van ustedes de vacaciones...
1. .... el gas
2. .... luz
3. .... las plantas
4. .... las puertas y ventanas
5. .... las persianas

VII. Imagínate que eres el médico: Aconseja a un enfermo

0. *No puede usted fumar*   *Por favor, no fume*
1. (beber)   ....
2. (comer tanto)   ....
3. (dormir mucho)   ....
4. (acostarse tarde)   ....
5. (levantarse pronto)   ....

LECCION 10

I. Completa *(Entrevista, buscando trabajo)*

A. ¿Cuál es su nombre?
B. ....
A. ¿En qué año ha nacido usted?
B. ....
A. ¿Ha trabajado usted alguna vez?
B. ....
A. ¿Ha acabado los estudios de arquitecto?
B. ....
A. ¿Alguna experiencia como arquitecto?
B. No, ..., solamente ....
A. Muy bien. Mañana le llamaremos por teléfono.
B. ....
A. ....

II. En LA VIDA REAL, lee la postal desde Argentina...

— Subraya las palabras que no entiendes.
— Busca su significado en el diccionario.

III. Responde

1. ¿Has leído el periódico de hoy?
   ....

2. ¿Has cogido el coche para ir al trabajo?
   ....

3. ¿Has viajado alguna vez en avión?
   ....

4. ¿A qué hora te has levantado?
   ....

5. ¿Has hecho deporte esta semana?
   ....

IV. Completa

1. Hoy me .... tarde.
2. Esta mañana .... a José por casualidad.
3. Por la noche él me .... por teléfono.
4. Marta .... todo el día con José.
5. A las tres he .... un taxi y .... pronto a casa.

V. Cambia la acción al pasado

0. *Está en la biblioteca*   *Ha estado en la biblioteca*
1. No hace nada   ....
2. ¿Lees este libro?   ....
3. Doy un paseo por el parque   ....
4. Pongo la radio a las ocho   ....
5. No dice siempre la verdad   ....
6. Te espero en el restaurante   ....
7. Se levanta a las siete y media   ....

VI. Escribe

a. *¿Qué has hecho hoy?*
   1. ....
   2. ....
   3. ....
   4. ....

b. *¿Y tu amigo/a?*
   1. ....
   2. ....

3. ....
4. ....

VII.   Has ido de viaje a un país/ciudad. Cuenta lo que has hecho o visto

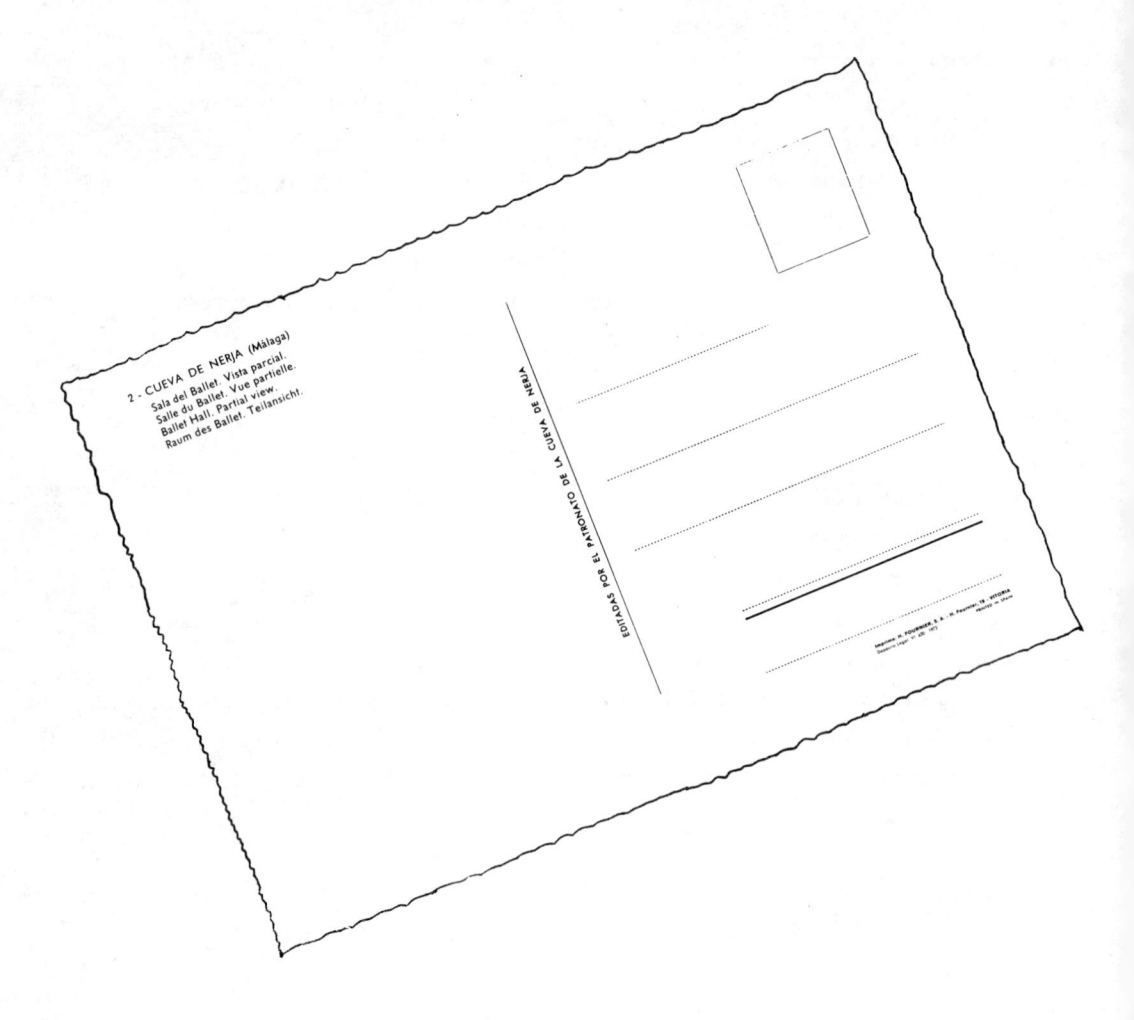

LECCION 11

I. Lee el texto de la lección y marca la opción correcta

1. La urbanización "Los Pinos" está situada
   a. *en los alrededores de Barcelona*
   b. *en el norte de Barcelona*

2. La urbanización tiene
   a. *buenas comunicaciones*
   b. *malas comunicaciones*

3. En la urbanización habrá
   a. *dos guarderías*
   b. *dos guarderías y dos escuelas*

4. También en la urbanización hay
   a. *biblioteca y locales para actividades culturales*
   b. *no hay servicios culturales*

5. También habrá
   a. *un campo de fútbol*
   b. *un campo de deportes y piscina*

6. Finalmente, habrá una discoteca y sala de cine para
   a. *divertirse los jóvenes*
   b. *educar a los jóvenes*

II. Describe: ¿Qué hay en esta ciudad?

....
....
....
....
....

III. Enumera los servicios culturales que hay en tu ciudad/pueblo

1. ....
2. ....
3. ....
4. ....

IV. Anota: Tu ciudad real y tu ciudad ideal

Hay	Habrá
....	....
....	....
....	....
....	....

V. **Completa**

A. ¿Qué piensa usted .... este barrio?
B. Es moderno, ... está mal planificado
A. ¿Le gusta vivir ....?
B. No. Es .... desagradable. Las calles .... ruidosas .... causa .... tráfico.
A. ¿............ está .... transportes?
B. Son malos. No .... metro y .... autobuses son insuficientes.
A. ¿............ bastantes escuelas?
B. No. Hacen .... más escuelas estatal............ .
A. ¿Cree usted que .... posible mejorar .... barrio?
B. Quizá .... poco.

VI. **Haz la pregunta adecuada para cada respuesta**

1. ¿............? Todavía no hay autobús.
2. ¿............? Hay buenas comunicaciones con el centro.
3. ¿............? Sólo tenemos dos escuelas estatales.
4. ¿............? Las calles son ruidosas y no hay jardines cerca.
5. ¿............? Son grandes bloques de pisos.
6. ¿............? Hay dos bares.

LECCION 12

I. Lee el texto de la lección y marca la opción correcta

1. Pilar y Marta
   a. *viven en el mismo piso*
   b. *son vecinas*

2. Miguel es
   a. *amigo de Pilar*
   b. *amigo de Pilar y Marta*

3. Pilar no puede abrir la puerta porque
   a. *no está en casa*
   b. *está ocupada*

4. Miguel trae
   a. *un ramo de flores*
   b. *una botella de champán*

5. Marta pone las rosas
   a. *en un vaso*
   b. *en un florero*

6. Miguel dice que la comida
   a. *no está preparada*
   b. *huele bien*

II. **Completa con la forma adecuada**

1. Pilar .... preparando la comida
2. Marta está (leer) .... una revista
3. Estamos (estudiar) .... la lección
4. Los niños .... haciendo un ejercicio
5. Estoy (escribir) .... una carta
6. Miguel está (fumar) .... un cigarrillo

III. **Transforma, según el modelo**

0. *Leo un libro* — *Estoy leyendo un libro*
1. Estudia español
2. Preparo la comida
3. Sirve un café
4. Cierran la puerta
5. Hablas por teléfono
6. Llaman a la puerta

IV. **¿Qué están haciendo?**

V. Lee LA VIDA REAL. Responde

a. ¿Qué están haciendo en la ciudad?

b. ¿Qué opina el taxista sobre la ciudad y las obras?

VI. Invita a un amigo a tomar algo

A. ⎧ ¿Te apetece ....? 　　B. ⎧ Sí, ...
　　⎩ ¿Quieres ....? 　　　　⎩ No, ...

1. ¿.................... jerez?　　—Sí, ...
2. ¿.................... coñac?　　—No, ...
3. ¿.................... bíter?　　—No, ...
4. ¿.................... coca-cola?　—Sí, ...
5. ¿.................... vino?　　—Sí, ...

LECCION 13

I. **Lee el texto de la lección y marca la opción correcta**

1. Don Luis pide un billete de tren para
   a. *el domingo próximo, día 6*
   b. *el próximo martes, día 8*

2. Cogerá el expreso de
   a. *las 20,15*
   b. *las 10,45*

3. Don Luis necesita
   a. *6 billetes normales*
   b. *5 billetes y un medio billete*

4. a. *Don Luis sube su maleta y la de Luisito*
   b. *Don Luis sube su maleta y la de su esposa*

5. El revisor dice que
   a. *sólo le ha dado 4 billetes*
   b. *le ha dado 5 billetes*

6. Faltan los billetes de
   a. *Luisito y Ricardo*
   b. *Pepito y Luisito*

II. **Completa**

1. Tu maleta, ¿dónde .... tienes?
2. ¡Billetes, ...!

3. Ten cuidado; no .... dejes caer.
4. ...., señor, pero aquí sólo hay 4 billetes.
5. .... quiero para el tren de las 10,45.
6. Luego devuélvemelos; .... guardaré yo.

III. Completa según el modelo

0. *Coge los billetes* — *Cógelos*
1. ¿Has subido las maletas? ....
2. Pide la cartera ....
3. Subid todos los paquetes ....
4. Guarda el dinero ....
5. Compra el bolso ....
6. Coged las revistas ....

IV. Lee LA VIDA REAL. Explica y escribe

1. Lo que ha hecho Isabel y por qué.

....
....
....
....
....
....
....

V. Haz una pregunta adecuada a la respuesta

1. ¿..........? Estos zapatos son de Juan
2. ¿..........? El vestido es mío
3. ¿..........? Los pantalones son de mi hermano
4. ¿..........? Es su sombrero
5. ¿..........? Son nuestros juguetes

VI. Elige cinco objetos. Dalos a cinco personas distintas

1. ....
2. ....
3. ....
4. ....
5. ....

VII. Pide billetes para...

1. (4,30-Madrid): ....
2. (ida-Sevilla-expreso): ....
3. (ida y vuelta-Barcelona): ....
4. (avión-París): ....
5. (avión-Nueva York-día 11): ....

LECCION 14

I. Explica: ¿Quién es ....?

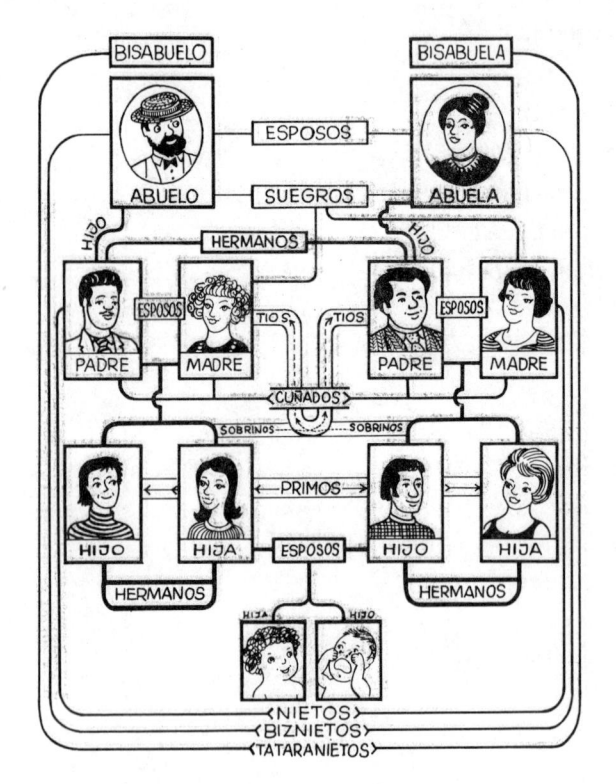

el abuelo: ....
el padre: ....
la tía: ....
la madre: ....
el sobrino: ....
la hija: ....
el nieto: ....
los primos: ....
los hermanos: ....
los padres: ....

44

II. **Responde según el modelo**

0. ¿Son tus padres? —Sí, son mis padres
1. ¿Es tu prima? ....
2. ¿Son tus abuelos? ....
3. ¿Son vuestros hermanos? ....
4. ¿Es nuestra tía Guadalupe? ....
5. ¿Son tus tíos del Perú? ....
6. ¿Es tu hermana joven? ....

III. **Responde**

1. ¿Cuántos hermanos tienes? ....
2. ¿Es tu hermana/o mayor que tú? ....
3. ¿Tienes abuela? ....
4. ¿Qué edad tiene tu padre? ....
5. ¿Y tu hermano menor? ....
6. ¿En qué año ha nacido tu madre? ....

IV. **Mira el "retrato familiar" de la página anterior. Describe a dos de esas personas**

1. ....
....
....

2. ....
....
....

V. **Completa** *(Buscas a una persona desconocida)*

Tú: ¿.........................?
El: El señor Juan García .... Hm
Tú: Sí, es ....

El: ¿De unos 35 años?
Tú: ....
El: ¿Moreno, alto?
Tú: No, rubio, pero ....
El: ¡Ah! Ya sé. Ha venido hace poco aquí.
Tú: ¿........................?
El: En la casa de enfrente.
Tú: ....
El: ....

VI. **Preguntas por un familiar a alguien. Escribe distintas formas para preguntar por él**

1. ....
2. ....
3. ....
4. ....
5. ....

VII. **Lee LA VIDA REAL. Explica el significado de**

líder: ....
humilde: ....
fin de semana: ....
manifestación: ....

LECCION 15

I. Describe el tiempo de la semana pasada en España

II. **Las noticias del tiempo: Lee y resume**

Lluvias: ....
....

Viento: ....
....

Temperaturas: ....
....

Sol: ....
....

> Nubes y claros en la mitad Norte de la Península. Lluvias en el Mediterráneo; buen tiempo en el resto. Las temperaturas son bajas en el Norte y normales en el Sur.

III. **Cambia el verbo al indefinido**

1. *He estado* dos meses en la ciudad
2. *Hemos tenido* un tiempo excelente
3. *Se han bañado* con lluvia
4. *Iremos* de compras el lunes próximo
5. En 1970 *había* guerras
6. No *ha llovido* en toda la semana

IV. **Mira el mapa del tiempo de la página 93 del libro:**

¿Qué tiempo se espera ....?

1. ¿........ en el Mediterráneo?
....

2. ¿En el centro de España?
....
....

V. Describe

1. Tu invierno ideal: ....
   ....
   ....
   ....
   ....

2. Tu verano preferido: ....
   ....
   ....
   ....
   ....

VI. ¿En qué estación del año estamos?

LECCION 16

I. Lee el texto de la lección y marca la opción correcta

1. El joven coge un taxi
   a. *porque no ha entendido las indicaciones del señor*
   b. *porque su maleta es muy pesada*

2. La forma en que pregunta el joven señala que
   a. *es muy cortés*
   b. *es poco educado*

3. Pepe y Luis preguntan y responden con el "tú"
   a. *porque son los dos jóvenes y no señalan distancias*
   b. *porque son poco educados*

4. Luis no acepta el cigarrillo porque
   a. *no le gusta el tabaco de Pepe*
   b. *ha dejado de fumar*

5. Luis piensa que dejar de fumar es
   a. *imposible*
   b. *difícil, pero posible*

6. Dejar o no de fumar es cuestión de (según Luis)
   a. *no tener dinero*
   b. *voluntad*

II. **Te diriges a un señor y le preguntas**

1. si tiene fuego ....
2. por la oficina de correos ....
3. si hay un hospital cerca ....
4. si hay un banco en el aeropuerto ....

III. **Completa**

1. A. ¿..................?
   B. Lo siento. No fumo

2. A. ¿..................?
   B. Con mucho gusto. Está al final de la calle

3. A. ¿..................?
   B. Sí, hay uno a unos 200 metros.

4. A. ¿..................?
   B. Sí, hay dos o tres bancos.

IV. **Necesitas ciertas cosas u objetos. Pídeselas a tu compañero y anota sus posibles respuestas**

1. *(Un cigarrillo)*   Tú: ....
                                   El: ....

2. *(Un lápiz)*   Tú: ....
                              El: ....

3. *(Diccionario)*   Tú: ....
                               El: ....

4. *(El significado de una palabra)*   Tú: ....
                                                              El: ....

5. *(Ayuda para hacer un ejercicio)* Tú: ....
   El: ....

V. Lee LA VIDA REAL. Anota aquí expresiones de cortesía no aparecidas anteriormente

   1. ....
   2. ....
   3. ....
   4. ....
   5. ....

VI. Pon texto a estos dibujos

A. ¿ .... ?   A. ¿ .... ?
B. ¿ .... ?   B. ¿ .... ?

LECCION 17

I. Lee el texto de la lección y marca la opción correcta

1. A Estrella
   a. *le gusta ser azafata*
   b. *le gustaría ser azafata*

2. Estrella empieza a trabajar cada día
   a. *tarde*
   b. *temprano*

3. Para llegar al aeropuerto necesita
   a. *tres horas*
   b. *menos de dos horas*

4. Para ser azafata es necesario
   a. *tener buen aspecto*
   b. *tener mucho dinero*

5. El marido de Estrella se levanta
   a. *más tarde que Estrella*
   b. *más pronto que Estrella*

6. El marido
   a. *abre la librería a las 9*
   b. *prepara el desayuno a las 9*

II. ¿A qué hora...?

	SE LEVANTA		SE ACUESTA	
1.	9,30	(Pepe)	10,20	
2.	7,30	(María)	11,45	
3.	8,00	(madre)	11,35	
4.	7,15	(padre)	12,00	
5.	8,45	(Jorge)	10,20	

III. Completa: Tu vida cada día

8,00: ....
8,40: ....
9,00: ....
11,30: ....
13,00: ....
15,00: ....
17,00: ....
19,30: ....
20,15: ....

IV. Transforma según el modelo

0. *Generalmente me levanto a las 7,00*   *Ayer me levanté a las 7,00*
1. Generalmente desayuno a las 8,00
2. Cada día llego al trabajo a las 9,00
3. Salgo del trabajo a las 17,15
4. Generalmente ceno a las 8,30
5. Me acuesto siempre a las 12,00

V. Pregunta: Qué hace y a qué hora lo hizo

....
....

....
....

....
....

....
....

VI. Lee LA VIDA REAL

a) *Señala todos los verbos reflexivos (te encuentras..., etc.)*

a. ....
....
....

b) *¿Qué piensas de A y B?*

b. ....
....
....

55

LECCION 18

I. Lee el texto de la lección y marca la opción correcta

1. La señora tiene
    a. *mucha prisa*
    b. *no tiene prisa*

2. La señora quiere comprar
    a. *una falda de lana*
    b. *una falda de pana*

3. La dependienta no puede vender por separado
    a. *el conjunto de pantalón y chaqueta*
    b. *el conjunto de falda y chaqueta*

4. El precio le parece a la señora
    a. *muy alto*
    b. *adecuado*

5. ¿Hay más modelos?
    a. *había, pero ya no hay*
    b. *no había, pero ahora ya hay*

6. a. *la señora desea algo más*
   b. *la señora desea algo más barato*

II. Completa

A. Quiero comprar unos zapatos
B. ¿Qué ....?
A. El 39
B. ¿Ya ha ....?
A. Sí, el 2357
B. ¿De ....?
A. Negros
B. En seguida ....

III. Describe estos dos modelos

El y ella   *Ella*

IV. Son las rebajas de invierno. Compras varios artículos. Señala talla, color, etc.

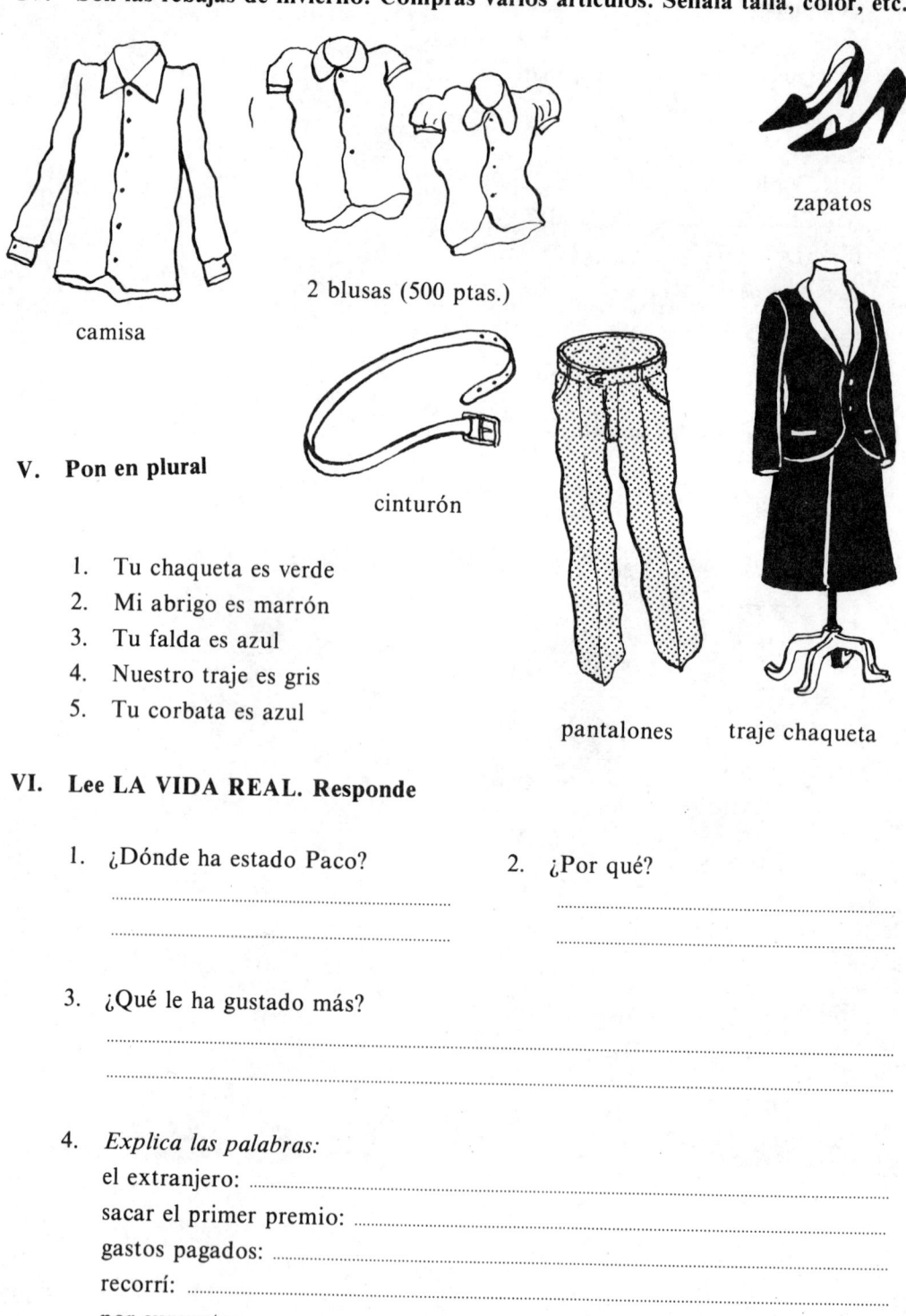

camisa

2 blusas (500 ptas.)

zapatos

cinturón

pantalones

traje chaqueta

V. Pon en plural

1. Tu chaqueta es verde
2. Mi abrigo es marrón
3. Tu falda es azul
4. Nuestro traje es gris
5. Tu corbata es azul

VI. Lee LA VIDA REAL. Responde

1. ¿Dónde ha estado Paco?
2. ¿Por qué?

3. ¿Qué le ha gustado más?

4. *Explica las palabras:*
   el extranjero:
   sacar el primer premio:
   gastos pagados:
   recorrí:
   por supuesto:

LECCION 19

I. Lee el texto de la lección y marca la opción correcta

1. a. *la gente y los filósofos dicen lo mismo sobre el dinero*
   b. *la gente y los filósofos no dicen lo mismo sobre el dinero*

2. En España, para cambiar dinero en moneda extranjera se necesita:
   a. *pasaporte*
   b. *carnet de conducir*

3. a. *el turista sólo quiere billetes*
   b. *también quiere moneda suelta*

4. Albert ya puede comprar, pues
   a. *ha traído muchos dólares*
   b. *ha cambiado su dinero*

5. El cambio del dinero
   a. *es más favorable que el año anterior*
   b. *es menos favorable que el año anterior*

6. a. *el pollo es tan barato como la carne*
   b. *la carne no es tan barata como el pollo*

II. Completa

1. ¿A .... cambian hoy el peso?
2. ¿Me puede .... 200 francos suizos?
3. El dinero es ....

4. El pescado .... gusta poco
5. ¿Desea .... de mil o de cinco mil pesetas?
6. .... usted suerte: hoy el pollo está barato
7. El pescado fresco .... por las nubes

III. Compara

TEMPERATURAS Máximas y mínimas		
Alicante	16	13
Badajoz	15	8
Bilbao	18	14
Burgos	12	4
Cádiz	19	8
Granada	16	4
La Coruña	12	9
Las Palmas	20	16
León	12	2
Madrid	11	6
Málaga	19	7
Murcia	18	10
Palma de M.	17	11
Sevilla	17	9
Valencia	14	11
Zaragoza	10	8

León-Alicante
La Coruña-Málaga
Murcia-Bilbao
Burgos-Valencia
Zaragoza-Las Palmas

IV. Completa

A. *Turista:* ¿Por favor .... 100 dólares?
B. ....
....

A. *Turista:* Aquí lo tiene.
B. ....

A. *Turista:* ¿Cuántas pesetas son?
B. ....

A. *Turista:* ¿Sólo 75 pesetas por dólar?
B. Sí, ...

A. *Turista:* El año pasado el cambio era mejor.

60

V. Lee LA VIDA REAL

— ¿Estás de acuerdo con las dos ancianas?
— ¿Por qué? (Da tres razones)

....
....
....

VI. **Observa los términos y expresiones del ejercicio IV de la última página de la lección**

— Escribe el significado de cuatro de ellos en tu idioma:

1. ....
2. ....
3. ....
4. ....

LECCION 20

I. Lee el texto de la lección y marca la opción correcta

1. Pilar trabaja para una empresa de turismo
   a. *es turista*
   b. *es guía turística*

2. Todos los martes y jueves
   a. *va al aeropuerto*
   b. *va a la estación*

3. Da instrucciones a los turistas cuando están
   a. *en el hotel*
   b. *en el autobús hacia el hotel*

4. Les recuerda que
   a. *no salgan a la calle sin pasaporte*
   b. *no salgan a la calle con pasaporte*

5. ... que los bancos
   a. *cierran por la tarde*
   b. *sólo abren por las mañanas*

6. ... que el cambio de dinero en el hotel
   a. *es más caro que en el banco*
   b. *es igual que en el banco*

II. **Transforma según el modelo**

    0. *Cerramos la puerta con llave*   *Cerrad la puerta con llave*
    1. ¿Hacemos los ejercicios?   ....
    2. ¿Nos lavamos las manos?   ....
    3. ¿Venimos pronto a casa?   ....
    4. ¿Cambiamos el dinero en el banco?   ....
    5. ¿Empezamos a comer?   ....

III. **Da cinco consejos a tu amigo para viajar en coche**

    1. ....
    2. ....
    3. ....
    4. ....
    5. ....

IV. **Prohibido...**

    0. *Salir a la calle*   *No salgan a la calle*
    1. Jugar en clase   ....
    2. Pisar el césped   ....
    3. Asomar la cabeza por la ventanilla   ....
    4. Fumar   ....
    5. Hablar en voz alta   ....

V. **Completa dando consejos**

    1. Si vais a España de vacaciones, ...
    2. Si tomáis el sol en la playa, ...
    3. Si viajas en tren, ...
    4. Si paseas de noche por la ciudad, ...
    5. Si visitáis Granada, ...
    6. Si vas al Museo del Prado, ...

VI. Da órdenes a los niños: tienen que...

    0. *Lavarse las manos*   *¡Lavaros las manos!*
    1. Peinarse la cabeza
    2. Sentarse
    3. Bañarse en seguida
    4. Acostarse pronto
    5. Ponerse guapos

VII. Lee LA VIDA REAL. Transforma la prohibición anteponiendo "no" y el verbo en forma personal

    1. No tiren basuras a la calle.
    2.
    3.
    4.
    5.

VIII. Aconseja: Para evitar un atraco...

LECCION 21

I. Lee el texto de la lección y marca la respuesta correcta

1. El señor puede ayudar al turista
   a. *porque es de la ciudad*
   b. *aunque no es de la ciudad*

2. a. *el turista conoce poco la ciudad*
   b. *se ha perdido en la ciudad*

3. Helmut y su acompañante quieren ver
   a. *cualquier museo de la ciudad*
   b. *un museo determinado de la ciudad*

4. Helmut y su acompañante preguntan por segunda vez
   a. *a otro guardia*
   b. *al mismo guardia*

5. La pareja de turistas
   a. *se ha equivocado de calle*
   b. *se ha equivocado de guardia*

6. Helmut no ha entendido bien al guardia porque
   a. *no sabe español*
   b. *aunque sabe algo de español*

II. **Completa**

1. Me he perdido, ¿puede ....?
2. Aquí está el plano. Tenga ....
3. ¿........... ve usted? Está muy lejos.
4. Pregunta .... a él: es el profesor.
5. Gire .... izquierda después del semáforo.
6. Seguramente el museo .... cerrado.

III. **Transforma según el modelo**

0. *Pregunta la dirección al policía* *Pregúntale la dirección*
1. Dejemos el libro al niño ....
2. Envía un paquete a mis padres ....
3. Da un regalo a tu mujer ....
4. Devuelve el lápiz a tu compañero ....
5. Regala un disco a Pedro ....
6. Deja la carta a Pilar ....

IV. **Orienta a un turista para ir**

1. Del puerto a la catedral.
2. De la Sagrada Familia al centro.
3. Del Museo Picasso al Montjuich.

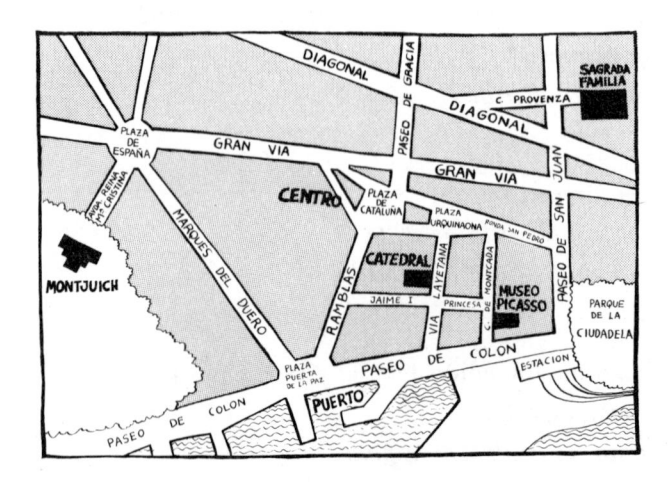

V. Pregunta cortésmente para ir a

1. La plaza del centro ¿ .... ?
2. La Cibeles ¿ .... ?
3. El hotel "Dardo" ¿ .... ?
4. La Universidad ¿ .... ?

VI. Escribe una tarjeta de invitación a una fiesta y da instrucciones para encontrar tu casa

A. Pérez
La Seguidilla
Sevilla
tel. 489534

INVITACION

LECCION 22

I. Lee los textos de la lección y marca la opción correcta

1. El padre de Carlitos dice que antes la vida era
   a. *más difícil*
   b. *más divertida*

2. El padre de Carlitos era
   a. *vendedor de periódicos*
   b. *director de un periódico*

3. El hijo también quiere vender periódicos, porque
   a. *es una diversión*
   b. *necesita dinero*

4. El pintor antes se ganaba la vida
   a. *pintando pisos*
   b. *pintando cuadros*

5. De joven, el pintor
   a. *trabajaba de día y estudiaba de noche*
   b. *trabajaba de noche y de día*

6. Ahora ya vende los cuadros
   a. *él mismo*
   b. *su agente*

II. Completa según el diálogo

A. ¿Cómo .... a ser un pintor famoso?
B. .... una historia muy larga. Mi padre .... pintor. Pintaba .... del pueblo y yo .... ayudaba.
A. ¿A .... edad empezó .... pintar cuadros?
B. .... veinticuatro años. Antes .... la vida pintando pisos. Y .... noche estudiaba .... la Escuela de Bellas Artes.

III. Completa

Era .... vez .... niño que vivía en .... barrio .... las barracas y que iba camino .... escuela. Y oía sus zapatos pisando .... asfalto y se decía: "¡Ay, qué pasos más tristes, y .... escuela tan lejos!" Y después pasó cerca .... viejecito que tenía .... cabeza baja y cerca .... mujer muy triste que vendía castañas asadas.

IV. Pon el verbo en imperfecto

1. Vendo cien periódicos diarios
2. Escriben un libro de español
3. Estudiamos cuatro horas diarias
4. Escucha la radio a las once
5. Pinta cuadros muy buenos
6. Suele leer antes de acostarse
7. Está muy lejos del pueblo

V. Escribe

Qué hacías de niño	De joven	Hoy
1.		
2.		
3.		
4.		

VI. Pon el significado en tu idioma

Un periódico: ....
Director: ....
Ganarse la vida: ....
Encargarse de algo: ....
En algunas ocasiones: ....
Pisar: ....

Escribe brevemente: ¿Qué se cuentan los abuelos?

....
....
....
....
....

LECCION 23

I. Lee el texto de la lección y marca la opción correcta

1. Alicia telefonea
   a. *desde su casa*
   b. *desde la estación*

2. Pedro creía que
   a. *Alicia llegaba hoy*
   b. *Alicia no llegaba hoy*

3. Alicia ha adelantado el viaje
   a. *para llegar antes*
   b. *porque no había billetes*

4. Pedro, respecto a la llegada de Alicia, dice a su jefe
   a. *la verdad*
   b. *una mentira*

5. Después del trabajo, Pedro y Alicia
   a. *irán a un restaurante*
   b. *comerán en casa*

6. A Alicia
   a. *le molesta hacer la comida*
   b. *no le importa hacer la comida*

II. Contesta según el modelo

0. *¿Ha llegado Alicia?* *Sí, acaba de llegar*
1. ¿Ha salido el tren? ....
2. ¿Has visto a María? ....
3. ¿Habéis leído el periódico? ....
4. ¿Ha parado de llover? ....
5. ¿Han llegado tus amigos? ....

III. Discúlpate

0. *He llegado tarde* *Siento haber llegado tarde*
1. He perdido las llaves ....
2. He roto el cristal ....
3. No he podido llegar antes ....
4. No te he telefoneado ....
5. No la he invitado ....
6. No he felicitado a mi novio ....

IV. Un amigo te hace algunas sugerencias; las aceptas

1. ¿Qué te parece si jugamos a las cartas?
   ....

2. ¿Te gustaría ir de vacaciones a Mallorca?
   ....

3. ¿Qué tal si alquilamos un coche?
   ....

4. ¿Qué te parece si tomamos un café?
   ....

5. ¿Te apetece tomar un aperitivo antes de comer?
   ....

V. Otro amigo te hace también sugerencias; las rechazas cortésmente

1. ¿Qué tal si paseamos por el parque?
   ....

2. ¿Te gustaría ir al cine esta tarde?
   ....

3. ¿Te apetece salir el domingo?
   ....

4. ¿Qué te parece si vamos al concierto?
   ....

5. ¿Te apetecería dar un paseo en coche?
   ....

VI. Ahora acepta las disculpas de otro

1. Discúlpame por llegar tarde
   ....

2. Perdona por no haberte escrito
   ....

3. Siento no poder acompañarte
   ....

4. Disculpa por no haberte avisado antes
   ....

5. Perdona si te he molestado
   ....

VII. Completa

A. ¿Qué tal si tomamos un café juntos?
B. Me gustaría, pero ....

A. ¿Y si cenamos fuera?
B. Lo siento, ...

A. ¿Te gustaría entonces dar un paseo por el parque?
B. Me parece estupendo, pero ....

A. ¿Y si te invito al cine?
B. ....

LECCION 24

I. Lee el texto de la lección y marca la opción correcta

1. Augusto no va al trabajo
   a. *desde hace quince días*
   b. *desde hace mucho tiempo*

2. Fue al hospital
   a. *en su coche*
   b. *en una ambulancia*

3. Su mujer sabía que estaba enfermo porque
   a. *no se levantaba de la cama*
   b. *tenía fiebre*

4. El doctor
   a. *le envía de nuevo a casa*
   b. *le envía al hospital*

5. En el hospital, Augusto
   a. *duerme mucho*
   b. *no duerme mucho*

6. Augusto saldrá pronto del hospital porque
   a. *no se toma las pastillas*
   b. *ya no tiene fiebre*

II. Completa

1. Luis no come .... hace veinticuatro horas
2. Llamó al médico porque .... enfermo
3. .... al hospital cuando ya era demasiado tarde
4. !Echese .... espaldas!
5. Tendrá que ir usted .... hospital.
6. ¿Cuándo comenzó su .... de cabeza?
7. ¡.............. usted estas pastillas!

III. Lee LA VIDA REAL. Resume los comentarios de la señora

a. ....
b. ....
c. ....
d. ....

IV. Enumera

a. Tres motivos de salud para no ir al trabajo:
   1. ....
   2. ....
   3. ....

b. Tres razones para tener que ir al hospital
   1. ....
   2. ....
   3. ....

V. Eres médico: un paciente llega a la consulta. Con cinco preguntas debes deducir la causa de la enfermedad

1. ¿..?
2. ¿..?
3. ¿..?
4. ¿..?
5. ¿..?

Médico: Entonces usted tiene la gripe

VI. Escribe algunos dolores que has tenido alguna vez

1. ....
2. ....
3. ....
4. ....
5. ....
6. ....

LECCION 25

I. **Anota lo que debe hacer Miguel para ganar el campeonato**

1. ....
2. ....
3. ....
4. ....
5. ....
6. ....
7. ....
8. ....
9. ....
10. ....

II. **Responde según el modelo**

0. *¿Te mantienes en forma?*
   Sí, pero tengo que (hacer mucho ejercicio)

1. ¿Te preparas para las Olimpíadas?
   ....

2. ¿Haces mucho ejercicio cada día?
   ....

3. ¿Te levantas temprano?
   ....

4. ¿Te entrenas cada mañana?
   ....

5. ¿No bebes alcohol?
   ....

77

III. **Escribe: Tres exigencias para...**

1. Aprender español: ....
   ....
   ....

2. Nadar bien: ....
   ....
   ....

3. Conducir bien el coche: ....
   ....
   ....

4. Tener buenos amigos: ....
   ....
   ....

IV. Un **amigo/a** quiere ir a la Costa Brava durante quince días. ¿Qué debe hacer?

1. ....
2. ....
3. ....
4. ....

V. **Completa**

A. No se muevan. Es .... atraco.
B. ¿Cómo? Yo...
A. ¡No se muevan!
B. Pero yo debo .... en mi oficina a las nueve.
A. No importa. Quieto.
C. Y yo .... que empezar a trabajar hoy.

A. Su dinero.
C. No .... dinero. Aún no .... empezado a trabajar. He venido .... buscar un préstamo.
A. Espere ahí.
D. Y yo a ingresar 50.000 pesetas.
A. Démelas. Ya .... ingresadas.
¡Cajero! El dinero .... día.
¡Rápido!
(a C) ¡Tenga usted su préstamo!

VI. Lee LA VIDA REAL

a. *Enumera los consejos del médico:*
....
....
....

b. *¿Le aconsejarías tú lo mismo? ¿Qué?*
....
....
....

LECCION 26

I. Lee el texto de la lección y marca la opción correcta

1. El cliente pone gasolina
   a. *el depósito lleno*
   b. *medio depósito*

2. a. *el agua del coche está bien*
   b. *el nivel del aceite también está bien*

3. El coche
   a. *pierde agua por el motor*
   b. *pierde agua por el radiador*

4. Si el coche se queda sin agua, puede
   a. *quemarse el motor*
   b. *quemarse el radiador*

5. En el taller "La Rueda" podrá
   a. *comprar un coche*
   b. *arreglar el coche*

6. El cliente paga 2.750 pesetas por
   a. *la gasolina*
   b. *la reparación*

II. Señala con una (X) el significado de "debe" en cada caso

	Probabilidad	Necesidad/obligación
1. Tiene un examen. Debe estudiar		
2. Está cansada. Debe descansar		
3. Debe hacer frío: hace 3º C		
4. Aún no se encuentra bien. Debe ir al médico		
5. Echan una película del Oeste. Debe ser interesante		
6. Pierde aceite. Debe ser el motor		
7. Está triste. Debe sentirse sola		
8. Desean aprender español. Deben estudiar más		
9. Lo dijo el profesor. Debe ser verdad		
10. Ayer tuvo un accidente. Debe estar en el hospital		

III. Haces una fiesta. Envías una nota de invitación a tus amigos. Completa

Querido/a ....
El próximo .... es mi cumpleaños.
Voy a .... en mi casa y quiero .... a ti y a tu mujer. Si venís, os encontraréis con .... y otros amigos.
Habrá .... y también ....
Tengo un nuevo equipo estereofónico, pero .... discos. ¿Te importaría .... tuyos? Sé .... buenos.
Te espero el ....
Saludos.

IV. Contesta expresando probabilidad con "debe"

1. ¿No está María en la oficina? *No, debe* ....
2. ¿No ha venido Miguel a trabajar? *Sí,* ....
3. ¿Dónde están mis libros? ....

81

4. ¿No has visto a Carmen? *No,* ....
5. ¿Ha salido el tren? *Sí,* ....
6. ¿Qué hora es? ....

V. Transforma (consulta la tabla del subjuntivo en "Apéndice")

0. *Debe ser rica*   *Quizá sea rica*
1. Debe ser inteligente   ....
2. Debe estar en casa   ....
3. Debe tener mucho dinero   ....
4. Debe hablar mucho   ....
5. Debe ser el campeón   ....

VI. ¿Qué pudo haber sido?

....
....
....
....

LECCION 27

I. **Lee el texto de la lección y marca la opción correcta**

1. Los coches circularán solamente los días pares o impares
   a. *para ahorrar energía*
   b. *porque no hay gasolina*

2. Las gasolineras y estaciones de servicio estarán cerradas
   a. *los días pares*
   b. *los domingos*

3. El secretario general del partido en el gobierno visitará al rey
   a. *esta mañana*
   b. *dentro de dos días*

4. En el mercado internacional, la peseta
   a. *ha subido de valor*
   b. *ha bajado de valor*

5. El partido de fútbol Real Madrid-Málaga se celebró
   a. *en Madrid*
   b. *en Málaga*

6. En León no hay servicio de autobuses
   a. *por razón de la huelga*
   b. *porque los autobuses están estropeados*

II. **Completa**

1. El Gobierno anunció un plan de .... energía.
2. Los domingos .... todas las gasolineras.
3. El presidente recibió a sus ministros en su .... oficial.
4. Según .... bien informadas, subirá el precio del oro.
5. El partido de fútbol no se .... por falta de acuerdo.
6. La empresa de transportes .... a prestar servicios.

III. **Cambia el verbo a indefinido**

1. Siempre conduce mal
2. Vamos todos a México
3. No puede hacerlo
4. Traerá mucho dinero
5. Tenía que abrir la puerta
6. Está en Madrid
7. Hace lo que puede

IV. **Escribe la vida de alguien, asignando un hecho a cada fecha**

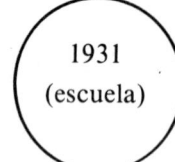

- 1925 (nace)
- 1931 (escuela)
- 1947 (Universidad)
- 1948 (trabajo)
- 1950 (boda)
- 1955 (viajes)
- 1999 (premio)
- 2009 (muerte)

V. Tu propia vida, en pasado y con fechas

1.º ....
2.º ....
3.º ....
4.º ....
5.º ....
6.º ....

VI. Busca el significado y anótalo

Anunciar
Motivo
Miedo
Tratar de ganar
Gritos
Inquietud
Destruyó
Edificio

VII. ¿Qué ocurrió?

....
....
....
....
....
....
....
....
....
....
....
....

LECCION 28

I. Completa

A. ¡La última copa .... soltero!
B y C. ¡...... tu salud!
A. ¡...... .... vuestra! ¿........................ será el próximo?
B. ¿El próximo qué?
A. El próximo .... casarse, ...
B. Yo espero ser ....
A. No ....; eso nunca ....
C. Peor .... ti; yo .... el primero y no .... arrepiento.
B. Yo .... seguir siendo libre.

II. Transforma según el modelo

0. *Llegará a tiempo*   *Espero que llegue a tiempo*
1. Será muy feliz
2. Ganará la carrera
3. Aprobará el examen
4. Aprenderá a conducir bien
5. Tendrá mucha suerte
6. Se casará pronto

III. Haz una frase anteponiendo "ojalá"

¡Ojalá...!
  (ser verdad)
  (tocar la lotería a Luis)

(ser azafata) ....

(no casarse en martes) ....

(tener dos hijos) ....

IV. Un amigo/a ha ganado el campeonato regional de ajedrez. Escríbele una tarjeta de felicitación

```
Querido amigo:
         ...................................................
  ...................................................
  ...................................................
  ...................................................
         Saludos de
                                    CARLOS
```

V. Expresa buenos deseos

1. Para que Pepe llegue bien a casa.
2. Para tus hermanos que están en Buenos Aires.
3. Para tus padres: es su aniversario de boda.
4. Tu primo: ha acabado la carrera de arquitecto.
5. Tu hermana: está enferma.

VI. Completa. Llamas a tu amigo en el día de su cumpleaños

A. ¿......................?
B. Muchas gracias, Manolo.
A. ¿......................?
B. Ya son treinta y cinco.
A. ¿......................?
B. ¡Y que los dos lo celebremos juntos!

VII. Va a una fiesta. ¿Qué le deseas?

....
....
....

VIII. Lee LA VIDA REAL

1. Anota las palabras que no conoces.
2. Busca su significado en el diccionario.

LECCION 29

I. Lee el texto de la lección y marca la opción correcta

1. El cliente está
   a. *en una tienda de muebles*
   b. *en una carpintería*

2. Al cliente le gustan los muebles
   a. *clásicos*
   b. *modernos*

3. Su mujer, Carmen, quiere una mesa
   a. *más oscura*
   b. *más sencilla*

4. El mueble-librería no es adecuado porque
   a. *es demasiado grande*
   b. *demasiado pequeño*

5. El cliente se va
   a. *sin comprar nada*
   b. *satisfecho de la compra*

II. Completa según el modelo

0. *Aquí (vender) vino*   *Aquí se vende vino*
1. En esta tienda (vender) paraguas   ....
2. En este taller (reparar) coches   ....
3. En Francia (hablar) francés   ....
4. Este modelo (vender) mucho   ....
5. En China (comer) mucho arroz   ....

89

III. Contesta según el modelo

0. ¿A dónde irá usted de vacaciones? *Me gustaría ir a México.*
1. ¿Cómo hará el viaje? ....
2. ¿Con quién desea ir a Sevilla? ....
3. ¿Cuándo quiere regresar? ....
4. ¿Cuánto tiempo permanecerá en Madrid? ....
5. ¿Qué desea comprar para la habitación? ....

IV. Explica: qué prefieres y por qué

....
....
....
....
....
....
....
....

V. En una zapatería. Completa

Vendedor: ¿Le atienden?
Tú: ....
Vendedor: ¿Qué número desea?
Tú: ....
Vendedor: ¿De qué color los quiere?
Tú: ....
Vendedor: ¿Le gustan éstos?
Tú: ....
Vendedor: Tiene usted razón; son un poco estrechos. ¿Qué le parecen éstos?
Tú: ....
Vendedor: ¿Le quedan bien?
Tú: ....
Vendedor: Estos valen 3.500 pesetas.
Tú: ....

VI. Necesitas amueblar una sala de estar: compra los muebles que necesites. Describe tamaño, estilo y color

1. ....
2. ....
3. ....
4. ....

VII. Deseas vender

1. Una televisión usada.
2. Un coche viejo por 70.000 pesetas.
3. Una moto.

Escribe un anuncio para cada cosa

LECCION 30

I. Lee el texto segundo de la lección y escribe

a. ¿Qué dice José?

b. ¿Qué dice Isabel?

II. Completa

Acabo .... llegar .... Buenos Aires. .... tenido un vuelo .... La aproximación .... continente americano .... maravillosa. Se veía toda .... costa hasta Sao Paulo. Luego .... por .... interior .... Buenos Aires, atravesando .... Río de la Plata. Es .... río .... el aeropuerto .... esperaban tus amigos. Son muy amables. .... comido .... ellos en un restaurante .... ¡................ filetes! Por la noche iremos ...... ver "Buenos Aires .... noche".
Un abrazo.

III. ¿Qué crees que dice...?

IV. **Completa según el modelo**

    0. *Dice que viene*   *Dijo que venía*
        Dice que...
    1. llueve mucho
    2. perderá el tren
    3. no trabaja
    4. viaja mucho
    5. comprará muchos libros

V. **Lee LA VIDA REAL. Cuenta a un amigo**

El cliente pide un préstamo porque...   El director del banco dice que...

VI. **Cambia a estilo indirecto** *(Dice que...)*

    1. "He tenido un accidente"
    2. "Todos somos iguales"
    3. "He cambiado de traje"
    4. "Iré al cine si me acompañas"
    5. "Adelanté peligrosamente"
    6. "Sólo tomé un jerez seco"

VII. ¿Qué piensan A y B?

A

....
....
....
....
....
....

B

....
....
....
....
....
....

índice

Lección	1	5
"	2	8
"	3	11
"	4	14
"	5	17
"	6	20
"	7	23
"	8	26
"	9	29
"	10	32
"	11	35
"	12	38
"	13	41
"	14	44
"	15	47
"	16	50
"	17	53
"	18	56
"	19	59
"	20	62
"	21	65
"	22	68
"	23	71
"	24	74
"	25	77
"	26	80
"	27	83
"	28	86
"	29	89
"	30	92